1 Teig – 50 Pizzas

belegen nach Lust und Laune

> Autorin: Christina Kempe | Fotos: Jörn Rynio

W0337954

Inhalt

Die Theorie

Die Rezepte

Extra

Immer wieder Pizza

Hauchdünner Teig mit knusprigem Rand, tiefrote aromatische Tomaten und zart schmelzender Mozzarella, gekrönt von grünen Basilikumblättchen – so eroberte vor über 100 Jahren die Pizza Margherita von Neapel aus die Welt. Heutzutage gibt es den allseits beliebten Sattmacher in groß oder klein, dick oder dünn und mit den unterschiedlichsten Belägen – der Fantasie sind keine Grenzen gesetzt. Lust auf Pizza bekommen?
Viele Anregungen stehen in diesem Buch – und mit dem Pizza-Hefeteig als Basis sind Sie für weitere eigene Ideen bestens gerüstet. Tag für Tag.

Pizzateig

Einen lockeren Hefeteig herzustellen ist nicht so schwer, wie manche denken. Wichtig ist, dass alle Zutaten Zimmertemperatur haben, denn Kälte mag die Hefe nicht. Den Teig gründlich kneten und anschließend nur noch mit einem feuchten Tuch abgedeckt an einem warmen Ort gehen lassen. Dafür den Backofen auf etwa 30° vorheizen, abschalten und die Teigschüssel hineinstellen.

➤ **Wichtig:** Beim Kneten und Belegen Zugluft vermeiden!

Die Zutaten

FÜR 2 PERSONEN
(2 RUNDE PIZZAS MIT JE CA. 30 CM Ø ODER 1 BACKBLECH)

➤ **1/2 Würfel Hefe (21 g)**
1 TL Zucker
250 g Mehl
1/2 TL Salz
2 EL Olivenöl

TIPP

Vollkornteig

Statt weißem Mehl (siehe auch Seite 6) die gleiche Menge Weizenvollkornmehl verwenden oder beides halb und halb mischen. Den Teig dann wie beschrieben zubereiten, allerdings mit etwas mehr Wasser, da Vollkornmehl wesentlich stärker quillt.

1 *Hefe zerbröckeln und den Zucker darüber streuen. Vermischen, bis die Hefe flüssig wird. Mit 75 ml Wasser verrühren.*

2 *Mehl in eine Schüssel geben, eine Mulde eindrücken. Hefe hineingießen, mit Mehl überstäuben. Abgedeckt an einem warmen Ort etwa 15 Min. gehen lassen.*

3 *Salz und Öl dazugeben, alles mit den Knethaken des Handrührgeräts zu einem elastischen Teig verkneten. Dabei noch einmal etwa 75 ml Wasser dazugießen.*

4 *Den Teig mit Mehl bestäuben, abdecken un 45 Min. gehen lassen. Dann nochmals kräftig zusammenkneten, aus rollen, belegen und backen (siehe rechts).*

Tipps & Tricks

Ausrollen, belegen und backen – so geht's am besten

Dem Original am nächsten kommen Pizzas, wenn man sie im 250° heißen Ofen (Ober- und Unterhitze, Backblech auf den Ofenboden legen und mit aufheizen!) bäckt. Den Teig dafür auf leicht mit Mehl bestäubtem Backpapier dünn ausrollen – rund (ca. 30 cm Ø) in zwei Portionen oder in einer Portion in Blechgröße – dabei einen kleinen Rand formen. Teig wie im Rezept beschrieben belegen, mit Hilfe des Papiers auf eine große Platte oder ein Brett ziehen und davon auf das Blech am Ofenboden gleiten lassen. Backzeit: 8–10 Min., bei geringem oder nicht so saftigem Belag auch kürzer. Anders bei American-Style-Pizzas: doppelte Teigmenge zubereiten und etwa 1 cm dick ausrollen. Den Backofen – mit dem Backblech auf der untersten Schiene – auf 220° vorheizen. Backzeit: etwa 20 Min.

Schneller Teigersatz

1

Fertigen Pizza-Hefeteig – gibt es rund und eckig ausgerollt – aus dem Kühlregal kann er sofort verwendet werden! Tiefgekühlter Hefeteig muss erst auftauen, bevor er ausgerollt und belegt werden kann.

Teig verfeinern

2

Wer dem Hefeteig eine besondere Note geben möchte, kann nach dem Gehen Kräuter (getrocknet oder frisch), Kerne (z. B. gehackte Sonnenblumen- oder Kürbiskerne) oder fein geriebenen Käse unterkneten.

Backbleche

3

Normale Backbleche wie links beschrieben verwenden. Bei antihaftbeschichteten Pizzablechen mit Löchern (lassen die Hitze gut durch) den Teig gleich darauf ausrollen, belegen und auf dem Ofenboden backen.

Spezialgeräte

4

USA-Pizzableche mit Rand lassen den darin ausgewellten Teig gut in die Höhe gehen. Mit dem Pizzastein (Zusatzvorrichtung für den Ofen) backen Pizzas wie im Holzkohleofen. Mit dem Pizzaschneider schneidet man sie einfach und fix in Stücke.

Ohne sie läuft nichts

Hefe

Sie sorgt als Backtriebmittel für die luftig-lockere Konsistenz des Teiges und dessen zart-säuerlichen Geschmack. Für ein optimales Ergebnis unbedingt ganz frische Hefe verwenden (bricht blättrig und hat eine rosa-braune Farbe). Ersatz: Trockenhefe.

Mehl

Optimal für Pizza-Hefeteig ist fein gemahlenes Hartweizenmehl (Durum), das es im italienischen Feinkostgeschäft oder im gut sortierten Supermarkt zu kaufen gibt. Beste Alternativen sind Mehl Type 405 und 550.

Olivenöl

Je feiner das Olivenöl, desto feiner die Pizza – vor allem, wenn das Öl auf den Teig gepinselt oder über die fertige Pizza (z. B. Pizza-Öl, Rezept Seite 9) geträufelt wird. Also wenn möglich »nativem Olivenöl extra« (beste Qualität) den Vorzug geben.

(Dosen)Tomaten

Ob frisch oder aus der Dose – die Tomaten sollten in der Sonne gereift sein (Freiland!) und ein ausgeprägtes Aroma haben, das sie an die Pizza weitergeben können. Tipp: Im Winter Kirschtomaten nehmen, da sie auch dann geschmacksintensiv sind.

Knoblauch

Ist ein Muss für jede Pizza-Küche, da Knoblauch – typisch südländisch – so gut wie jede Pizza bereichert. Frischezeichen: feste Zehen mit prallen Häutchen dazwischen. Entfernt man den inneren Kern der Zehe, wird Knoblauch bekömmlicher.

Zucker

Zucker hilft der Hefe (neben Wärme und Flüssigkeit), sich zu vermehren und den Teig aufgehen zu lassen. Und er rundet Saucen und Beläge – 1 Prise reicht oftmals vollkommen aus – ab. Ob man weißen oder braunen Zucker verwendet, ist dabei egal.

Salz & Pfeffer

Würzen alles, was die Pizza braucht. Welche Salzsorte (Steinsalz oder Meersalz) man nimmt, ist Geschmackssache. Den Pfeffer aber immer frisch mahlen, dann ist er am besten!

Kräuter

Zarte Kräuter wie Basilikum frisch nach dem Backen über die Pizza streuen, da sie sonst ihr Aroma verlieren. Getrocknete und unempfindliche Kräuter wie Rosmarin mitgaren oder -backen.

Mozzarella

Passt auf wirklich jede Pizza. Gibt es aus Kuhmilch hergestellt mittlerweile sehr preisgünstig zu kaufen. Das Original aus Büffelmilch ist etwas teurer, aber auch wesentlich feiner im Geschmack. (Mehr zu Käse auf Seite 9.)

Heute statt Hefeteig mal ...

Quark-Öl-Teig

Für 2 runde Pizzas (je ca. 30 cm Ø) oder 1 Backblech 200 g Mehl mit 1/2 Päckchen Backpulver mischen. Mit 100 g Magerquark, 4 EL Olivenöl, 1–2 EL Wasser, 1 Ei (Größe M) und 1/2 TL Salz zu einem glatten Teig verkneten.

Teig mit Maisgrieß

Für 2 runde Pizzas (je ca. 30 cm Ø) oder 1 Backblech 1/2 Würfel Hefe zerbröckeln und mit 1 TL Zucker und 75 ml Wasser verrühren. Mit 150 g Mehl, 100 g Polenta-Maisgrieß, 1/2 TL Salz, 2 EL Öl und etwa 75 ml Wasser zu einem Teig verkneten. Abgedeckt an einem warmen Ort 1 Std. gehen lassen.

Mürbeteig

Für 2 runde Pizzas (je ca. 30 cm Ø) oder 1 Backblech 250 g Mehl mit 100 g kalten Butterflöckchen, 1/2 TL Salz, 1/4 TL Backpulver, 1 Eiweiß (Größe M) und etwa 2 EL kaltem Wasser zu einem glatten Teig verkneten. In Folie wickeln und 30 Min. kühlen.

Yufka-Teig

Für 1 Backblech 4 große Yufka-Teigblätter (320 g, vom Türken) mit Olivenöl einstreichen und aufeinander legen. **Bitte beachten:** Teigblätter aufs kalte Blech (mit Backpapier) geben und belegen, auf der untersten Schiene im 225° heißen Ofen backen! Die Backzeit verlängert sich um etwa 5 Min.

Blätterteig

Fertig ausgerollten Blätterteig aus dem Kühlregal nehmen. Gibt es rund (ca. 32 cm Ø) oder eckig (ca. 25 x 42 cm). Oder 3–4 tiefgekühlte Blätterteigplatten auftauen lassen und entsprechend der gewünschten Form ausrollen. **Bitte beachten:** siehe Yufka-Teig.

Strudelteig

Für 1 Backblech 2 Päckchen Strudelteig (je 100 g, aus dem Kühlregal) mit Öl bestreichen und aufeinander legen. **Bitte beachten:** siehe Yufka-Teig.

Feines für drunter...

Klassischer Tomatensugo

Für 4 Schraubgläser (je 200 ml Inhalt) 1 geschälte Zwiebel würfeln, in 4 EL Olivenöl andünsten. 2 EL Tomatenmark, 2 große Dosen Tomaten (je 800 g Inhalt) und 4 TL getrockneten Oregano dazugeben. 4 geschälte Knoblauchzehen dazupressen, mit Salz und Pfeffer würzen. In ca. 1 1/2 Std. bei mittlerer Hitze einkochen, dabei ab und zu umrühren. Mit Salz, Pfeffer, Zucker und Aceto balsamico abschmecken. **Haltbarkeit:** an einem kühlen Ort etwa 6 Monate.

Schnelle Tomatensalsa

Für 1 Schraubglas (200 ml Inhalt) 1 kleine Dose Pizza-Tomaten (400 g Inhalt) in einem Sieb sehr gut abtropfen lassen, dabei immer wieder mal durchrühren. (Oder 100 g Tomatenmark verwenden.) 2 geschälte Knoblauchzehen dazupressen, 2–4 EL Olivenöl unterrühren. Mit 1 TL getrocknetem Thymian, Salz, Pfeffer, Zucker, eventuell Chiliflocken und Zitronensaft würzen. Sofort verwenden oder ins Glas füllen, verschließen. **Haltbarkeit:** gekühlt 2–3 Tage.

Pizza-Pesto

Für 2 Schraubgläser (je 200 ml Inhalt) von 50 g Basilikum und 100 g Petersilie die Blätter abzupfen. Mit je 25 g Mandelblättchen und Pinienkernen, 50 g frisch geriebenem Parmesan, 1–2 geschälten Knoblauchzehen, Saft und abgeriebener Schale von 1/2 unbehandelten Zitrone und etwa 200 ml Olivenöl im Mixer pürieren. Mit Salz, Pfeffer und Zucker würzen. In die Gläser füllen, mit etwas Olivenöl abdecken, verschließen. **Haltbarkeit:** an einem kühlen Ort etwa 3 Monate.

Feine Kräuter-Crème-fraîche

Für 2 Schraubgläser (je 200 ml Inhalt) je 1 geschälte Knoblauchzehe und Zwiebel fein würfeln. In 1 EL Olivenöl bei mittlerer Hitze andünsten. 400 g Crème fraîche unterrühren und ca. 5 Min. kochen lassen. Von 1 Bund gemischter Kräuter (z. B. Basilikum, Oregano, Petersilie) die Blätter abzupfen und fein hacken. Creme vom Herd nehmen, Kräuter untermischen, mit Salz und Pfeffer würzen. Heiß in die Gläser füllen, verschließen. **Haltbarkeit:** an einem kühlen Ort 1–2 Monate.

... und auch drüber

Käse

Klassischer Pizza-Käse ist der Mozzarella, der aufgrund seines milden Geschmacks den anderen Zutaten nicht die Show stiehlt und zudem hervorragend schmilzt. Alternativen sind Taleggio, Gorgonzola, Gouda, Ricotta und Cheddar – oder Pecorino und Parmesan mit etwas Öl. Einfach ausprobieren, was schmeckt. Für Pizza im USA-Stil die angegebene Käsemenge verdoppeln. **Achtung:** Je pikanter der Käse ist, desto weniger Pfeffer und vor allem Salz sind beim Würzen nötig.

Pizza-Öl

Für 1 Flasche (200 ml Inhalt) 1 Stück unbehandelte Zitronenschale, 1 geschälte Knoblauchzehe, 1–2 getrocknete Chilischoten und je 1 TL getrockneten Rosmarin, Thymian und Majoran in die Flasche geben. Mit etwa 150 ml Olivenöl auffüllen. Verschließen, mindestens 14 Tage an einem kühlen Ort ziehen lassen. Durchs Sieb abgießen und in die gesäuberte Flasche zurückfüllen. Nach Belieben vor oder nach dem Backen über die Pizza träufeln. **Haltbarkeit:** 1 Jahr und länger.

Gremolata

Für 1 Schraubglas (200 ml Inhalt) von 1 großen Bund Basilikum die Blätter abzupfen. Mit der Schale von 1 unbehandelten Zitrone, 1–2 Knoblauchzehen und 25 g getrocknete Tomaten (nicht in Öl!) mit einem großen Messer sehr fein hacken. In das Glas füllen und mit etwa 50 ml Olivenöl abdecken und verschließen. Nach Belieben über die ungebackene Pizza geben. **Haltbarkeit:** an einem kühlen Ort etwa 3 Monate.

Kräuter-Gewürz-Mischung

Für ein kleines Schälchen 2 Hand voll gemischte Kräuterblätter (z. B. Thymian, Salbei, Oregano, Rosmarin) grob hacken und in der Pfanne bei mittlerer Hitze unter Rühren in 2–3 Min. trocknen. Dann mit 2 TL Meersalz und 1 EL gemischten Pfefferkörnern im Mörser fein zerstoßen. Nach Belieben die Pizza vor oder nach dem Backen damit würzen. **Haltbarkeit:** luftdicht verschlossen mindestens 6 Monate.

Evergreens, die jeder liebt

Los geht's mit Pizzas, die Sie garantiert aus dem Urlaub oder vom Italiener um die Ecke kennen. Sie sind echte Klassiker, die wahrscheinlich schon kurz nach der Erfindung des knusprigen Fladens kreiert wurden oder seit langer Zeit auf der Speisekarte der Pizzerias stehen. Jetzt können auch Sie sich und andere damit verwöhnen – die Rezepte dazu finden Sie hier.

Blitzrezepte

Klassisches Pizzabrot

FÜR 2 PERSONEN

➤ **1/2 Würfel Hefe (21 g) | 1 TL Zucker 250 g Mehl | 1/2 TL Salz | 2 EL Olivenöl | 1 Glas Tomatensalsa mit Tomatenmark (Rezept Seite 8)**

1 | Die Hefe mit Zucker und 75 ml lauwarmem Wasser verrühren. Mehl in eine Schüssel geben, in die Mitte eine Mulde drücken und die Hefe hineingießen. Abgedeckt 15 Min. gehen lassen. Dann mit 1/2 TL Salz, Öl und etwa 75 ml lauwarmem Wasser zu einem elastischen Teig verkneten. Abgedeckt 45 Min. gehen lassen.

2 | Den Backofen auf 250° (Umluft 220°) vorheizen. Den Teig dünn ausrollen und mit der Tomatensalsa bestreichen. Im Ofen (unten) 6–8 Min. backen.

Focaccia

FÜR 2 PERSONEN

➤ **1/2 Würfel Hefe (21 g) | 1 TL Zucker 250 g Mehl | 1/2 TL Salz | 6 EL Olivenöl | 80 g getrocknete Tomaten in Öl 4 TL getrockneter Thymian | Meersalz**

1 | Hefeteig zubereiten und gehen lassen, wie im Rezept nebenan beschrieben. Dann Teig dünn ausrollen und weitere 15 Min. gehen lassen. Backofen auf 250° (Umluft 220°) vorheizen. Die Tomaten in Streifen schneiden. Restliches Olivenöl mit dem Thymian verrühren.

2 | Gleichmäßig verteilt tiefe Mulden in den Teig drücken. Tomaten hineingeben und mit dem Thymianöl beträufeln, etwas Meersalz darüber streuen. Im Ofen (unten) 6–8 Min. backen.

preiswert | gelingt leicht

Pizza Margherita

FÜR 2 PERSONEN

➤ **1/2 Würfel Hefe (21 g)**
1 TL Zucker | 250 g Mehl
1/2 TL Salz | 2 EL Olivenöl
1 Kugel Mozzarella (125 g)
4 große Stängel Basilikum
1 Glas Tomatensugo oder -salsa (Rezepte Seite 8)

Zubereitung: 1 Std. 20 Min.
Backzeit: 10 Min.
➤ Pro Portion ca.: 760 kcal

1 | Die Hefe mit Zucker und 75 ml lauwarmem Wasser verrühren. Das Mehl in eine Schüssel geben, in die Mitte eine Mulde drücken, die Hefe hineingießen. Abgedeckt 15 Min. gehen lassen. Dann mit Salz, Öl und etwa 75 ml lauwarmem Wasser zu einem elastischen Teig verkneten. Abgedeckt 45 Min. gehen lassen.

2 | Den Backofen auf 250° (Umluft 220°) vorheizen. Den Mozzarella in dünne Scheiben schneiden. Die Basilikumblätter von den Stängeln zupfen.

3 | Den Teig dünn ausrollen und mit Sugo oder Salsa bestreichen. Mit den Mozzarellascheiben belegen. Im Ofen (unten) etwa 10 Min. backen. Mit dem Basilikum bestreuen.

➤ Extra: vor dem Servieren Pfeffer darüber mahlen.

vegetarisch

Pizza mit Spinat und Ricotta

FÜR 2 PERSONEN

➤ **1/2 Würfel Hefe (21 g)**
1 TL Zucker | 250 g Mehl
Salz | 6 EL Olivenöl
350 g tiefgekühlter Blattspinat
1 Zwiebel
4 Knoblauchzehen
Pfeffer, frisch gemahlen
200 g weicher Ricotta
30 g Pinienkerne

Zubereitung: 1 Std. 20 Min.
Backzeit: 8 Min.
➤ Pro Portion ca.: 1030 kcal

1 | Den Hefeteig zubereiten und gehen lassen, wie im Rezept nebenan beschrieben. Den Spinat auftauen lassen.

2 | Den Backofen auf 250° (Umluft 220°) vorheizen. Zwiebel und Knoblauch schälen und fein würfeln.

3 | 2 EL Öl erhitzen, Zwiebel und Knoblauch darin bei mittlerer Hitze andünsten. Spinat dazugeben und kurz mitdünsten. Mit Salz und Pfeffer würzen, etwas abkühlen lassen.

4 | Den Teig dünn ausrollen und den Spinat darauf verteilen. Den Ricotta in kleinen Flocken auf den Spinat setzen. Pinienkerne darüber streuen und alles mit dem übrigen Öl beträufeln. Mit Salz und Pfeffer würzen. Im Ofen (unten) etwa 8 Min. backen.

➤ Extra: vor dem Backen zusätzlich Rosinen oder klein gewürfelte Aprikosen aufstreuen.

im Bild hinten: **Pizza mit Spinat und Ricotta** *im Bild vorne:* **Pizza Margherita** ➤

vegetarisch | preiswert

Pizza primavera

FÜR 2 PERSONEN

- 1/2 Würfel Hefe (21 g)
- 1 TL Zucker | 250 g Mehl
- Salz | 2 EL Olivenöl
- 100 g Egerlinge (ersatzweise Champignons)
- 100 g Brokkoliröschen
- 1 rote Zwiebel
- 1 gelbe Paprikaschote
- 1 Kugel Mozzarella (125 g)
- 1 Glas Tomatensugo oder -salsa (Rezepte Seite 8)
- 6 eingelegte Peperoni
- Pfeffer, frisch gemahlen

Zubereitung: 1 Std. 20 Min.
Backzeit: 10 Min.
Pro Portion ca.: 950 kcal

1 | Die Hefe mit Zucker und 75 ml lauwarmem Wasser verrühren. Das Mehl in eine Schüssel geben, in die Mitte eine Mulde drücken, die Hefe hineingießen. Abgedeckt 15 Min. gehen lassen. Dann mit 1/2 TL Salz, Öl und etwa 75 ml lauwarmem Wasser zu einem elastischen Teig verkneten. Abgedeckt 45 Min. gehen lassen.

2 | Den Backofen auf 250° (Umluft 220°) vorheizen. Die Egerlinge putzen und die Brokkoliröschen waschen, beides in sehr feine Scheiben schneiden. Die Zwiebel schälen und in dünne Ringe schneiden. Paprika putzen, waschen und in feine Streifen schneiden. Den Mozzarella in dünne Scheiben schneiden.

3 | Den Teig dünn ausrollen und mit Sugo oder Salsa bestreichen. Mit Pilzen, Paprika, Brokkoli, Zwiebel, Peperoni und Mozzarella belegen. Mit Salz und Pfeffer würzen. Im Ofen (unten) etwa 10 Min. backen.

➤ Extra: statt Mozzarella Taleggio, Manchego oder Gorgonzola nehmen.

gelingt leicht

Pizza quattro formaggi

FÜR 2 PERSONEN

- 1/2 Würfel Hefe (21 g)
- 1 TL Zucker | 250 g Mehl
- Salz | 2 EL Olivenöl
- 150 g Taleggio
- 1 Kugel Mozzarella (125 g)
- 150 g Gorgonzola
- 5 Stängel Basilikum
- 80 g Parmesan, frisch gerieben
- Pfeffer, frisch gemahlen

Zubereitung: 1 Std. 20 Min.
Backzeit: 8 Min.
Pro Portion ca.: 1380 kcal

1 | Den Hefeteig zubereiten und gehen lassen, wie im Rezept nebenan beschrieben.

2 | Den Backofen auf 250° (Umluft 220°) vorheizen. Den Taleggio entrinden und wie den Mozzarella und Gorgonzola in kleine Würfel schneiden. Basilikumblätter von den Stängeln zupfen.

3 | Den Teig dünn ausrollen und die Käsewürfel und den Parmesan darauf verteilen. Mit Pfeffer und wenig Salz würzen. Im Ofen (unten) etwa 8 Min. backen. Mit dem Basilikum bestreuen.

➤ Extra: vor dem Backen mit Pizza-Öl (Rezept Seite 9) beträufeln und 1 Hand voll halbierte Kirschtomaten darauf verteilen.

im Bild hinten: Pizza quattro formaggi *im Bild vorne:* Pizza primavera ➤

preiswert | vegetarisch

Pizza ai funghi

FÜR 2 PERSONEN

➤ **1/2 Würfel Hefe (21 g)**
1 TL Zucker | 250 g Mehl
Salz | 2 EL Olivenöl
300 g Champignons
Saft von 1/2 Zitrone
1 Kugel Mozzarella (125 g)
1 Glas Tomatensugo oder -salsa (Rezepte Seite 8)
Pfeffer, frisch gemahlen

◷ Zubereitung: 1 Std. 20 Min.
◷ Backzeit: 10 Min.
➤ Pro Portion ca.: 785 kcal

1 | Die Hefe mit Zucker und 75 ml lauwarmem Wasser verrühren. Das Mehl in eine Schüssel geben, in die Mitte eine Mulde drücken, die Hefe hineingießen. Abgedeckt 15 Min. gehen lassen. Dann mit 1/2 TL Salz, Öl und etwa 75 ml lauwarmem Wasser zu einem elastischen Teig verkneten. Abgedeckt 45 Min. gehen lassen.

2 | Den Backofen auf 250° (Umluft 220°) vorheizen. Die Champignons trocken abreiben und die Stielenden abschneiden. Pilze in feine Scheiben schneiden und mit dem Zitronensaft beträufeln. Den Mozzarella in dünne Scheiben schneiden.

3 | Den Teig dünn ausrollen und mit Sugo oder Salsa bestreichen. Mit Pilzen und Mozzarella belegen. Mit Salz und Pfeffer würzen. Im Ofen (unten) etwa 10 Min. backen.

➤ Extra: gekochten Schinken oder Frühstücksspeck (in feinen Streifen) mitbacken.

gelingt leicht

Pizza quattro stagioni

FÜR 2 PERSONEN

➤ **1/2 Würfel Hefe (21 g)**
1 TL Zucker | 250 g Mehl
Salz | 2 EL Olivenöl
150 g Champignons
200 g eingelegte Artischockenherzen
4 Scheiben gekochter Schinken (ca. 100 g)
1 Kugel Mozzarella (125 g)
1 Glas Tomatensugo oder -salsa (Rezepte Seite 8)
100 g schwarze Oliven
4 eingelegte Peperoni
Pfeffer, frisch gemahlen

◷ Zubereitung: 1 Std. 20 Min.
◷ Backzeit: 10 Min.
➤ Pro Portion ca.: 1080 kcal

1 | Den Hefeteig zubereiten und gehen lassen, wie im Rezept nebenan beschrieben.

2 | Den Backofen auf 250° (Umluft 220°) vorheizen. Die Champignons trocken abreiben und die Stielenden abschneiden. Pilze in feine Scheiben schneiden. Die Artischockenherzen vierteln. Schinkenscheiben in grobe Würfel, den Mozzarella in dünne Scheiben schneiden.

3 | Den Teig dünn ausrollen und mit Sugo oder Salsa bestreichen. Je ein Viertel des Teiges mit Champignons, Artischocken, Schinken, den Oliven und Peperoni belegen. Mozzarella darauf verteilen, mit Salz und Pfeffer würzen. Im Ofen (unten) etwa 10 Min. backen.

➤ Extra: statt Tomatensugo oder -salsa einmal Kräuter-Crème-fraîche (Rezept Seite 8) nehmen.

im Bild hinten: **Pizza ai funghi** *im Bild vorne:* **Pizza quattro stagioni** ➤

scharf | gelingt leicht

Pizza diavolo

FÜR 2 PERSONEN

➤ **1/2 Würfel Hefe (21 g)**
1 TL Zucker | 250 g Mehl
Salz | 2 EL Olivenöl
1 Zwiebel
1 Kugel Mozzarella (125 g)
1 Glas Tomatensugo oder -salsa (Rezepte Seite 8)
70 g scharfe Salami, in möglichst dünnen Scheiben
12 scharfe eingelegte Peperoni

◷ Zubereitung: 1 Std. 20 Min.
◷ Backzeit: 10 Min.
➤ Pro Portion ca.: 1190 kcal

1 | Die Hefe mit Zucker und 75 ml lauwarmem Wasser verrühren. Das Mehl in eine Schüssel geben, in die Mitte eine Mulde drücken, die Hefe hineingießen. Abgedeckt 15 Min. gehen lassen. Dann mit 1/2 TL Salz, Öl und etwa 75 ml lauwarmem Wasser zu einem elastischen Teig verkneten. Abgedeckt 45 Min. gehen lassen.

2 | Den Backofen auf 250° (Umluft 220°) vorheizen. Die Zwiebel schälen und in feine Ringe, den Mozzarella in dünne Scheiben schneiden.

3 | Den Teig dünn ausrollen und mit Sugo oder Salsa bestreichen. Mit der Salami, den Peperoni und dem Mozzarella belegen. Mit Salz würzen. Im Ofen (unten) etwa 10 Min. backen.

➤ Extra: vor dem Backen feine Birnenspalten (mit Schale) mit auf den Teig legen.

für Gäste | preiswert

Calzone

FÜR 2 PERSONEN

➤ **1/2 Würfel Hefe (21 g)**
1 TL Zucker | 250 g Mehl
Salz | 2 EL Olivenöl
150 g Tomaten
2 Knoblauchzehen
Pfeffer, frisch gemahlen
1 TL getrockneter Oregano
2 Scheiben gekochter Schinken (ca. 60 g)
1 Kugel Mozzarella (125 g)
200 g weicher Ricotta

◷ Zubereitung: 1 Std. 25 Min.
◷ Backzeit: 15 Min.
➤ Pro Portion ca.: 955 kcal

1 | Den Hefeteig zubereiten und gehen lassen, wie im Rezept nebenan beschrieben.

2 | Den Backofen auf 225° (Umluft 200°) vorheizen. Die Tomaten waschen und klein würfeln, dabei den Stielansatz entfernen. Den Knoblauch schälen und durch die Presse drücken. Mit den Tomaten vermischen, mit Salz, Pfeffer und Oregano würzen.

3 | Die Schinkenscheiben und den Mozzarella in kleine Würfel schneiden.

4 | Den Teig in zwei Portionen teilen und rund dünn ausrollen. Jeweils eine Hälfte mit Ricotta bestreichen und mit Tomaten, Schinken und Mozzarella belegen. Mit Salz und Pfeffer würzen. Freie Teighälften darüber klappen und die Teigränder gut andrücken. Im Ofen (unten) etwa 15 Min. backen.

➤ Extra: nach dem Belegen 2 EL frisch geriebenen Parmesan darüber streuen und erst dann zusammenklappen.

im Bild hinten: **Pizza diavolo** *im Bild vorne:* **Calzone** ➤

fruchtig | preiswert

Pizza Hawaii

FÜR 2 PERSONEN

- 1/2 Würfel Hefe (21 g)
  1 TL Zucker | 250 g Mehl
  Salz | 3 EL Olivenöl
  150 g Ananasstücke (aus der Dose)
  4 Scheiben gekochter Schinken (ca. 100 g)
  1 Kugel Mozzarella (125 g)
  1 Glas Tomatensugo oder -salsa (Rezepte Seite 8)
  Pfeffer, frisch gemahlen

Zubereitung: 1 Std. 20 Min.
Backzeit: 10 Min.
Pro Portion ca.: 970 kcal

1 | Die Hefe mit Zucker und 75 ml lauwarmem Wasser verrühren. Das Mehl in eine Schüssel geben, in die Mitte eine Mulde drücken, die Hefe hineingießen. Abgedeckt 15 Min. gehen lassen. Dann mit 1/2 TL Salz, 2 EL Öl und etwa 75 ml lauwarmem Wasser zu einem elastischen Teig verkneten. Abgedeckt 45 Min. gehen lassen.

2 | Den Backofen auf 250° (Umluft 220°) vorheizen. Die Ananas in einem Sieb abtropfen lassen. Schinkenscheiben in etwa 1 cm breite Streifen schneiden. Mozzarella in dünne Scheiben schneiden.

3 | Den Teig dünn ausrollen und mit Sugo oder Salsa bestreichen. Mit Schinken, Ananas und Mozzarella belegen. Mit übrigem Öl beträufeln und mit Salz und Pfeffer würzen. Im Ofen (unten) etwa 10 Min. backen.

- Extra: fein geschnittene Chilischoten aufstreuen.

gelingt leicht | würzig

Pizza calabrese

FÜR 2 PERSONEN

- 1/2 Würfel Hefe (21 g)
  1 TL Zucker | 250 g Mehl
  Salz | 2 EL Olivenöl
  1 Dose Tunfisch im eigenen Saft (200 g Inhalt)
  4 Sardellenfilets in Salz
  1 Zwiebel
  1 Kugel Mozzarella (125 g)
  1 Glas Tomatensugo oder -salsa (Rezepte Seite 8)
  40 g schwarze Oliven
  2 EL Kapern
  Pfeffer, frisch gemahlen

Zubereitung: 1 Std. 20 Min.
Backzeit: 10 Min.
Pro Portion ca.: 870 kcal

1 | Den Hefeteig zubereiten und gehen lassen, wie im Rezept nebenan beschrieben.

2 | Den Backofen auf 250° (Umluft 220°) vorheizen. Den Tunfisch abtropfen lassen und grob zerpflücken. Die Sardellenfilets kalt abbrausen und dritteln. Die Zwiebel schälen und in feine Ringe, den Mozzarella in dünne Scheiben schneiden.

3 | Den Teig dünn ausrollen und mit Sugo oder Salsa bestreichen. Mit Tunfisch, Sardellen, Zwiebel, Oliven, Kapern und Mozzarella belegen. Mit Salz und Pfeffer würzen. Im Ofen (unten) etwa 10 Min. backen.

- Extra: statt kleiner Kapern einmal Kapernäpfel nehmen, diese je nach Größe ganz lassen oder halbieren.

im Bild links: **Pizza calabrese** *im Bild rechts:* **Pizza Hawaii**

für Festtage

Pizza frutti di mare

FÜR 2 PERSONEN

- **2 Knoblauchzehen**
- **400 g tiefgekühlte gemischte Meeresfrüchte**
- **Saft von 1 Zitrone**
- **4 EL Olivenöl | Salz**
- **Pfeffer, frisch gemahlen**
- **1/2 Würfel Hefe (21 g)**
- **1 TL Zucker | 250 g Mehl**
- **1 Kugel Mozzarella (125 g)**
- **1 Glas Tomatensugo oder -salsa (Rezepte Seite 8)**

Zubereitung: 1 Std. 20 Min.
Backzeit: 10 Min.
Pro Portion ca.: 1010 kcal

1 | Den Knoblauch schälen und durch die Presse zu den Meeresfrüchten drücken. Mit Zitronensaft, 2 EL Öl, Salz und Pfeffer mischen und abgedeckt marinieren und auftauen lassen.

2 | Die Hefe mit Zucker und 75 ml lauwarmem Wasser verrühren. Das Mehl in eine Schüssel geben, in die Mitte eine Mulde drücken, die Hefe hineingießen. Abgedeckt 15 Min. gehen lassen. Dann mit 1/2 TL Salz, übrigem Öl und etwa 75 ml lauwarmem Wasser zu einem elastischen Teig verkneten. Abgedeckt 45 Min. gehen lassen.

3 | Den Backofen auf 250° (Umluft 220°) vorheizen. Den Mozzarella in dünne Scheiben schneiden.

4 | Den Teig dünn ausrollen und mit Sugo oder Salsa bestreichen. Mit den Meeresfrüchten und dem Mozzarella belegen. Mit Salz und Pfeffer würzen. Im Ofen (unten) etwa 10 Min. backen.

➤ Extra: 2–3 EL gehackte Petersilie und / oder 1 sehr fein geschnittene rote Chilischote unter die Meeresfrüchte mischen.

gelingt leicht

Pizza siciliana

FÜR 2 PERSONEN

- **1/2 Würfel Hefe (21 g)**
- **1 TL Zucker | 250 g Mehl**
- **Salz | 2 EL Olivenöl**
- **10 Sardellenfilets in Salz**
- **1 Kugel Mozzarella (125 g)**
- **1 Glas Tomatensugo oder -salsa (Rezepte Seite 8)**
- **50 g schwarze Oliven (ersatzweise grüne Oliven, nach Belieben auch in Kräutern eingelegt)**
- **3 EL Kapern**
- **Pfeffer, frisch gemahlen**

Zubereitung: 1 Std. 20 Min.
Backzeit: 10 Min.
Pro Portion ca.: 820 kcal

1 | Den Hefeteig zubereiten und gehen lassen, wie im Rezept nebenan beschrieben.

2 | Den Backofen auf 250° (Umluft 220°) vorheizen. Die Sardellenfilets kalt abbrausen. Den Mozzarella in dünne Scheiben schneiden.

3 | Den Teig dünn ausrollen und mit Sugo oder Salsa bestreichen. Mit Sardellenfilets, Oliven, Kapern und Mozzarella belegen. Mit Salz und Pfeffer würzen. Im Ofen (unten) etwa 10 Min. backen.

➤ Extra: Orangenfilets vor dem Backen mit auf die Pizza legen und Sugo oder Salsa mit feinen Orangenschalenstreifen würzen.

im Bild hinten: Pizza frutti di mare *im Bild vorne:* Pizza siciliana ➤

preiswert | würzig

Pizza al tonno

FÜR 2 PERSONEN

- **1/2 Würfel Hefe (21 g)**
1 TL Zucker | 250 g Mehl
Salz | 2 EL Olivenöl
1 Dose Tunfisch im eigenen Saft (200 g Inhalt)
1 große rote Zwiebel
1 Kugel Mozzarella (125 g)
1 Glas Tomatensugo oder -salsa (Rezepte Seite 8)
4 eingelegte Peperoni
Pfeffer, frisch gemahlen

Zubereitung: 1 Std. 20 Min.
Backzeit: 10 Min.
Pro Portion ca.: 930 kcal

1 | Die Hefe mit Zucker und 75 ml lauwarmem Wasser verrühren. Das Mehl in eine Schüssel geben, in die Mitte eine Mulde drücken, die Hefe hineingießen. Abgedeckt 15 Min. gehen lassen. Dann mit 1/2 TL Salz, Öl und etwa 75 ml lauwarmem Wasser zu einem elastischen Teig verkneten. Abgedeckt 45 Min. gehen lassen.

2 | Den Backofen auf 250° (Umluft 220°) vorheizen. Den Tunfisch abtropfen lassen und grob zerpflücken. Die Zwiebel schälen und in nicht zu feine Ringe oder grobe Würfel, den Mozzarella in dünne Scheiben schneiden.

3 | Den Teig dünn ausrollen und mit Sugo oder Salsa bestreichen. Mit Zwiebel, Tunfisch, Peperoni und Mozzarella belegen. Mit Salz und Pfeffer würzen. Im Ofen (unten) etwa 10 Min. backen.

Extra: Dosen-Tunfisch durch frischen ersetzen. Den Tunfisch dann kalt abbrausen, trockentupfen und grob würfeln. Olivenöl mit Salz, Pfeffer und Orangensaft verrühren und den Fisch darin marinieren, bevor er auf die Pizza kommt.

herzhaft | gelingt leicht

Pizza capricciosa

FÜR 2 PERSONEN

- **1/2 Würfel Hefe (21 g)**
1 TL Zucker | 250 g Mehl
Salz | 2 EL Olivenöl
200 g Champignons
4 Scheiben gekochter Schinken (ca. 100 g)
6 Sardellenfilets in Salz
1 Kugel Mozzarella (125 g)
1 Glas Tomatensugo oder -salsa (Rezepte Seite 8)
40 g Kräuter-Oliven
Pfeffer, frisch gemahlen

Zubereitung: 1 Std. 20 Min.
Backzeit: 10 Min.
Pro Portion ca.: 790 kcal

1 | Den Hefeteig zubereiten und gehen lassen, wie im Rezept nebenan beschrieben.

2 | Den Backofen auf 250° (Umluft 220°) vorheizen. Die Champignons trocken abreiben und die Stielenden abschneiden. Pilze in feine Scheiben schneiden.

3 | Den Schinken in grobe Stücke zupfen. Die Sardellenfilets kalt abbrausen und quer halbieren. Den Mozzarella in dünne Scheiben schneiden.

4 | Den Teig dünn ausrollen und mit Sugo oder Salsa bestreichen. Mit Schinken, Champignons, Sardellen, Oliven und Mozzarella belegen. Mit Salz und Peffer würzen. Im Ofen (unten) etwa 10 Min. backen.

im Bild hinten: Pizza capricciosa *im Bild vorne:* Pizza al tonno

Trendsetter – am Puls der Zeit

Einfache und dabei äußerst gelungene Kombinationen, die Trends aufgreifen und Zutaten aus aller Welt vereinen, überzeugen durch Aussehen und Geschmack. Ohne diese Pizzas läuft heute so gut wie gar nichts mehr. Schwimmen auch Sie ganz genüsslich in den Geschmackswellen von heute – mit den angesagtesten Pizzas einer nie endenden Saison.

Blitzrezepte

Rosmarin-Pizza

FÜR 2 PERSONEN

➤ **1/2 Würfel Hefe (21 g) | 1 TL Zucker | 250 g Mehl | 1/2 TL Salz | 2 EL Olivenöl | 1 Glas Tomatensugo (Rezept Seite 8) | 100 g Pancetta, klein gewürfelt | 60 g Fontina in dünnen Scheiben | 2 Knoblauchzehen, fein geschnitten | 2 TL Rosmarinnadeln | Pfeffer, frisch gemahlen**

1 | Die Hefe mit Zucker und 75 ml lauwarmem Wasser verrühren. Mit Mehl, 1/2 TL Salz, Öl und etwa 75 ml lauwarmem Wasser zu einem elastischen Teig verkneten. Abgedeckt 1 Std. gehen lassen.

2 | Backofen auf 250° (Umluft 220°) vorheizen. Teig dünn ausrollen, mit übrigen Zutaten belegen, salzen und pfeffern. Im Ofen (unten) etwa 10 Min. backen.

Antipasti-Pizza

FÜR 2 PERSONEN

➤ **1/2 Würfel Hefe (21 g) | 1 TL Zucker | 250 g Mehl | 1/2 TL Salz | 2 EL Olivenöl | 200 g eingelegte Paprikaschoten | 120 g eingelegte Artischockenherzen | 1 Kugel Mozzarella (125 g) | 100 g schwarze Oliven | 2 EL Kapern | Pfeffer, frisch gemahlen**

1 | Hefeteig zubereiten und gehen lassen, wie im Rezept nebenan beschrieben.

2 | Backofen auf 250° (Umluft 230°) vorheizen. Paprika in 1–2 cm breite Streifen schneiden, Artischockenherzen vierteln. Mozzarella in dünne Scheiben schneiden. Teig dünn ausrollen und mit allen Zutaten belegen. Mit Salz und Pfeffer würzen. Im Ofen (unten) etwa 10 Min. backen.

vegetarisch

Pizza mit Austernpilzen

FÜR 2 PERSONEN

- **1/2 Würfel Hefe (21 g)**
- **1 TL Zucker | 250 g Mehl**
- **Salz | 6 EL Olivenöl**
- **500 g Austernpilze**
- **1 Bund Petersilie**
- **2 TL Kürbiskernöl**
- **2 EL Zitronensaft**
- **Pfeffer, frisch gemahlen**
- **150 g Edelpilz-Schmelz-Käse mit Nüssen**
- **2 EL Kürbiskerne**
- **1 Glas Tomatensugo oder -salsa (Rezepte Seite 8)**

Zubereitung: 1 Std. 20 Min.
Backzeit: 10 Min.
Pro Portion ca.: 1310 kcal

1 | Hefe mit 1 TL Zucker und 75 ml lauwarmem Wasser verrühren. Das Mehl in eine Schüssel geben, in die Mitte eine Mulde drücken, die Hefe hineingießen. Abgedeckt 15 Min. gehen lassen. Dann mit 1/2 TL Salz, 2 EL Olivenöl und etwa 75 ml lauwarmem Wasser zu einem Teig verkneten. Abgedeckt 45 Min. gehen lassen.

2 | Die Austernpilze putzen, die Stielenden abschneiden. Pilze in etwa 2 cm breite Streifen schneiden. Petersilie abbrausen, trockenschütteln und grob hacken. Beides mit übrigem Olivenöl, Kürbiskernöl, Zitronensaft, Salz und Pfeffer mischen und kurz marinieren lassen.

3 | Den Backofen auf 250° (Umluft 220°) vorheizen. Den Käse klein würfeln, die Kürbiskerne grob hacken.

4 | Den Teig dünn ausrollen und mit Sugo oder Salsa bestreichen. Mit Pilzen und Käse belegen, Kürbiskerne darüber streuen. Mit Salz und Pfeffer würzen. Im Ofen (unten) etwa 10 Min. backen.

sehr scharf | vegetarisch

Feurige Tex-Mex-Pizza

FÜR 2 PERSONEN

- **1/2 Würfel Hefe (21 g)**
- **1 TL Zucker | 250 g Mehl**
- **Salz | 2 EL Olivenöl**
- **250 g Kirschtomaten**
- **2 rote Chilischoten**
- **160 g Cheddar**
- **1 Glas Tomatensalsa mit Tomatenmark (Rezept Seite 8)**
- **80 g eingelegte Jalapeño-Pfefferschoten, in dünnen Scheiben**

Zubereitung: 1 Std. 20 Min.
Backzeit: 10 Min.
Pro Portion ca.: 1230 kcal

1 | Den Hefeteig zubereiten und gehen lassen, wie im Rezept nebenan beschrieben.

2 | Den Backofen auf 250° (Umluft 220°) vorheizen. Die Tomaten waschen und halbieren. Die Chilischoten waschen, putzen, entkernen und in sehr feine Streifen schneiden. Den Cheddar in dünne Scheiben schneiden.

3 | Den Teig dünn ausrollen und mit der Salsa bestreichen. Mit Tomaten, Chilistreifen, Cheddar und den Jalapeños belegen, salzen. Im Ofen (unten) etwa 10 Min. backen.

Extra: einen Teil der Kirschtomaten durch Maiskörner (aus der Dose) ersetzen.

im Bild hinten: Feurige Tex-Mex-Pizza *im Bild vorne:* Pizza mit Austernpilzen

vegetarisch | für Gäste

Pizza mit Zwiebel und Auberginen

FÜR 2 PERSONEN

- 1/2 Würfel Hefe (21 g)
- 1 TL Zucker | 250 g Mehl
- Salz | 2 EL Olivenöl
- 1 Aubergine (ca. 250 g)
- 1 Zwiebel
- 1 Kugel Mozzarella (125 g)
- 100 g Kirschtomaten
- 2 EL Kapern
- 1 Glas Tomatensugo oder -salsa (Rezepte Seite 8)
- Pfeffer, frisch gemahlen

Zubereitung: 1 Std. 20 Min.
Backzeit: 10 Min.
Pro Portion ca.: 795 kcal

1 | Die Hefe mit Zucker und 75 ml lauwarmem Wasser verrühren. Das Mehl in eine Schüssel geben, in die Mitte eine Mulde drücken, die Hefe hineingießen. Abgedeckt 15 Min. gehen lassen. Dann mit 1/2 TL Salz, Öl und etwa 75 ml lauwarmem Wasser zu einem elastischen Teig verkneten. Abgedeckt 45 Min. gehen lassen.

2 | Den Backofen auf 250° (Umluft 230°) vorheizen. Die Aubergine waschen und putzen, Zwiebel schälen und beides wie den Mozzarella in dünne Scheiben schneiden. Die Tomaten waschen und halbieren oder vierteln.

3 | Den Teig dünn ausrollen. Die Kapern unter Sugo oder Salsa rühren, den Teig damit bestreichen. Mit Auberginen, Zwiebel, Tomaten und dem Mozzarella belegen. Mit Salz und Pfeffer würzen. Im Ofen (unten) etwa 10 Min. backen.

Extra: vor dem Backen mit Pizza-Öl beträufeln, danach mit 1 Hand voll Basilikumblättchen bestreuen.

preiswert | vegetarisch

Bunte Paprika-Kapern-Pizza

FÜR 2 PERSONEN

- 1/2 Würfel Hefe (21 g)
- 1 TL Zucker | 250 g Mehl
- Salz | 2 EL Olivenöl
- je 2 gelbe und rote Paprikaschoten (ca. 550 g)
- 300 g Zwiebeln
- 1 Knoblauchzehe
- 1 Kugel Mozzarella (125 g)
- 1 Glas Tomatensugo oder -salsa (Rezepte Seite 8)
- 60 g Kapern
- Pfeffer, frisch gemahlen

Zubereitung: 1 Std. 20 Min.
Backzeit: 10 Min.
Pro Portion ca.: 835 kcal

1 | Den Hefeteig zubereiten und gehen lassen, wie im Rezept nebenan beschrieben.

2 | Den Backofen auf 250° (Umluft 220°) vorheizen. Die Paprikaschoten halbieren, putzen, waschen und in feine Streifen schneiden. Zwiebeln schälen und in dünne Ringe schneiden. Den Knoblauch schälen und in feine Stifte schneiden. Mozzarella in dünne Scheiben schneiden.

3 | Den Teig dünn ausrollen und mit Sugo oder Salsa bestreichen. Mit Paprika, Knoblauch, Zwiebeln, Kapern und Mozzarella belegen. Mit Salz und Pfeffer würzen. Im Ofen (unten) etwa 10 Min. backen.

im Bild hinten: **Bunte Paprika-Kapern-Pizza** *im Bild vorne:* **Pizza mit Zwiebel und Auberginen**

für Gäste | vegetarisch

Spargel-Pizza grünweiß

FÜR 2 PERSONEN

➤ **1/2 Würfel Hefe (21 g)**
1 TL Zucker | 250 g Mehl
Salz | 2 EL Olivenöl
700 g weißer und grüner Spargel
150 g Kirschtomaten
1/2 Bund gemischte Kräuter
2 Knoblauchzehen
1 TL abgeriebene unbehandelte Zitronenschale
1 EL Honig
Pfeffer, frisch gemahlen
150 g Crème fraîche

◷ Zubereitung: 1 Std. 20 Min.
◷ Backzeit: 10 Min.
➤ Pro Portion ca.: 915 kcal

1 | Die Hefe mit Zucker und 75 ml lauwarmem Wasser verrühren. Das Mehl in eine Schüssel geben, in die Mitte eine Mulde drücken, die Hefe hineingießen. Abgedeckt 15 Min. gehen lassen. Dann mit 1/2 TL Salz, Öl und etwa 75 ml lauwarmem Wasser zu einem elastischen Teig verkneten. Abgedeckt 45 Min. gehen lassen.

2 | Weißen Spargel ganz, den grünen nur im unteren Teil schälen. Spargel sehr schräg in dünne Scheiben schneiden. Tomaten waschen und halbieren. Kräuter abbrausen, trockenschütteln und hacken. Knoblauch schälen und durch die Presse drücken. Alles mit Zitronenschale, Honig, Salz und Pfeffer mischen und kurz marinieren lassen.

3 | Den Backofen auf 250° (Umluft 220°) vorheizen. Den Teig dünn ausrollen und mit Crème fraîche bestreichen, salzen und pfeffern. Spargel und Tomaten abtropfen lassen und darauf verteilen. Im Ofen (unten) etwa 10 Min. backen.

➤ Extra: vor dem Backen mit Mozzarella belegen.

macht was her

Bärlauch-Pizza mit Pecorino

FÜR 2 PERSONEN

➤ **1/2 Würfel Hefe (21 g)**
1 TL Zucker | 250 g Mehl
Salz | 2 EL Olivenöl
350 g Tomaten
80 g Bärlauch
200 g Schmand
Pfeffer, frisch gemahlen
70 g Pecorino

◷ Zubereitung: 1 Std. 20 Min.
◷ Backzeit: 6–8 Min.
➤ Pro Portion ca.: 930 kcal

1 | Den Hefeteig zubereiten und gehen lassen, wie im Rezept nebenan beschrieben.

2 | Den Backofen auf 250° (Umluft 220°) vorheizen. Die Tomaten waschen und in dünne Scheiben schneiden, dabei den Stielansatz entfernen. Bärlauch abbrausen, trockenschleudern und in etwa 1 cm breite Streifen schneiden.

3 | Den Teig dünn ausrollen und mit dem Schmand bestreichen, mit den Tomaten belegen. Mit Salz und Pfeffer würzen. Im Ofen (unten) 6–8 Min. backen.

4 | Den Pecorino grob raspeln oder in hauchdünne Späne hobeln. Mit dem Bärlauch über die Pizzas streuen.

➤ Extra: den Bärlauch durch Rucola ersetzen.

im Bild hinten: **Spargel-Pizza grünweiß** *im Bild vorne:* **Bärlauch-Pizza mit Pecorino** ➤

vegetarisch | für Gäste

Radicchio-Chicorée-Pizza

FÜR 2 PERSONEN

- **1/2 Würfel Hefe (21 g)**
- **2 TL Zucker | 250 g Mehl**
- **Salz | 6 EL Olivenöl**
- **400 g Radicchio und Chicorée**
- **2 Knoblauchzehen**
- **Pfeffer, frisch gemahlen**
- **150 g Taleggio**
- **1 Glas Tomatensugo oder -salsa (Rezepte Seite 8)**

Zubereitung: 1 Std. 20 Min.
Backzeit: 10 Min.
Pro Portion ca.: 1120 kcal

1 | Die Hefe mit 1 TL Zucker und 75 ml lauwarmem Wasser verrühren. Das Mehl in eine Schüssel geben, in die Mitte eine Mulde drücken, die Hefe hineingießen. Abgedeckt 15 Min. gehen lassen. Dann mit 1/2 TL Salz, 2 EL Öl und etwa 75 ml lauwarmem Wasser zu einem elastischen Teig verkneten. Abgedeckt 45 Min. gehen lassen.

2 | Radicchio und Chicorée putzen, waschen und grob schneiden. Knoblauch schälen und durch die Presse drücken. Beides mit übrigem Zucker und Öl sowie Salz und Pfeffer mischen.

3 | Den Backofen auf 250° (Umluft 220°) vorheizen. Den Taleggio in dünne Scheiben schneiden.

4 | Den Teig dünn ausrollen und mit Sugo oder Salsa bestreichen. Mit Radicchio, Chicorée und Taleggio belegen. Mit Salz und Pfeffer würzen. Im Ofen (unten) etwa 10 Min. backen.

➤ Extra: gehackte Walnüsse oder Mandelblättchen vor dem Backen aufstreuen.

vegetarisch

Pizza mit Pesto und Ricotta

FÜR 2 PERSONEN

- **1/2 Würfel Hefe (21 g)**
- **1 TL Zucker | 250 g Mehl**
- **Salz | 2 EL Olivenöl**
- **300 g Kirschtomaten**
- **1 Glas Pizza-Pesto (Rezept Seite 8)**
- **200 g weicher Ricotta**
- **Pfeffer, frisch gemahlen**

Zubereitung: 1 Std. 15 Min.
Backzeit: 10 Min.
Pro Portion ca.: 1180 kcal

1 | Den Hefeteig zubereiten und gehen lassen, wie im Rezept nebenan beschrieben.

2 | Den Backofen auf 250° (Umluft 220°) vorheizen. Die Tomaten waschen und halbieren.

3 | Den Teig dünn ausrollen und mit Pesto bestreichen. Mit Tomaten und Ricotta in nicht zu kleinen Flocken belegen. Mit Salz und Pfeffer würzen. Im Ofen (unten) etwa 10 Min. backen.

➤ Extra: vor dem Backen noch 2 EL Pinienkerne darüber streuen oder 2–4 Knoblauchzehen in dünnen Scheiben auf den Pizzas verteilen.

im Bild links: Radicchio-Chicorée-Pizza *im Bild rechts:* Pizza mit Pesto und Ricotta ➤

macht was her | herzhaft

Pizza American BBQ-Style

FÜR 4 PERSONEN

- 1 Würfel Hefe (42 g)
- 2 TL Zucker | 500 g Mehl
- Salz | 4 EL Olivenöl
- 150 g Hähnchenbrustfilet
- 6 EL Barbecue-Sauce (möglichst mit intensiv rauchigem Geschmack)
- 1 Paprikaschote
- 1 kleine Dose Maiskörner (150 g Inhalt)
- 1 Glas Tomatensugo oder -salsa (Rezepte Seite 8)
- 200 g Cheddar
- Pfeffer, frisch gemahlen

Zubereitung: 1 Std. 20 Min.
Backzeit: 20 Min.
Pro Portion ca.: 870 kcal

1 | Die Hefe mit Zucker und 150 ml lauwarmem Wassser verrühren. Das Mehl in eine Schüssel geben, in die Mitte eine Mulde drücken, die Hefe hineingießen. Abgedeckt 15 Min. gehen lassen. Dann mit 1 TL Salz, Öl und etwa 150 ml lauwarmem Wasser zu einem elastischen Teig verkneten. Abgedeckt 45 Min. gehen lassen.

2 | Den Backofen auf 220° (Umluft 200°) vorheizen. Das Hähnchenbrustfilet waschen, trockentupfen und in 1/2 cm dicke Scheiben oder 1–2 cm große Würfel schneiden. Mit 2 EL Barbecue-Sauce mischen.

3 | Die Paprika halbieren, putzen, waschen und in feine Streifen schneiden. Den Mais abtropfen lassen. Sugo oder Salsa mit übriger Barbecue-Sauce verrühren. Den Cheddar grob raspeln.

4 | Teig 1 cm dick ausrollen und mit Sugo oder Salsa bestreichen. Mit Filet, Paprika, Mais und Cheddar belegen. Salzen und pfeffern. Im Ofen (unten) etwa 20 Min. backen.

herzhaft | gelingt leicht

Pizza mit Bacon und Salami

FÜR 2 PERSONEN

- 1/2 Würfel Hefe (21 g)
- 1 TL Zucker | 250 g Mehl
- Salz | 2 EL Olivenöl
- 6 Scheiben Bacon (Frühstücksspeck, ca. 90 g)
- 1 Fleischtomate
- 80 g Gouda
- 1 Glas Tomatensalsa mit Tomatenmark (Rezept Seite 8)
- 8 Scheiben Salami (ca. 40 g)
- 40 g schwarze Oliven
- Pfeffer, frisch gemahlen

Zubereitung: 1 Std. 20 Min.
Backzeit: 10 Min.
Pro Portion ca.: 1115 kcal

1 | Den Hefeteig zubereiten und gehen lassen, wie im Rezept nebenan beschrieben – allerdings die halbe Menge.

2 | Backofen auf 250° (Umluft 220°) vorheizen. Die Baconscheiben quer halbieren und 2–3 Min. bei starker Hitze auslassen und bräunen. Die Tomate waschen und in sehr dünne Scheiben schneiden, dabei Stielansatz entfernen. Den Gouda grob raspeln.

3 | Den Teig dünn ausrollen und mit Salsa bestreichen. Mit Tomate, Salami, Oliven, Bacon und Gouda belegen. Salzen und pfeffern. Im Ofen (unten) etwa 10 Min. backen.

Extra: vor dem Backen noch 1 TL Fenchelsamen darüber streuen.

im Bild hinten: **Pizza American BBQ-Style** *im Bild vorne:* **Pizza mit Bacon und Salami**

preiswert

Pizza mit Coppa und gekochtem Schinken

FÜR 2 PERSONEN

- **1/2 Würfel Hefe (21 g)**
- **1 TL Zucker | 250 g Mehl**
- **Salz | 2 EL Olivenöl**
- **1 Zwiebel**
- **2 Knoblauchzehen**
- **4 Scheiben gekochter Schinken (ca. 100 g)**
- **6 große eingelegte Peperoni**
- **1 Kugel Mozzarella (125 g)**
- **1 Glas Tomatensugo oder -salsa (Rezepte Seite 8)**
- **10 hauchdünne Scheiben Coppa Parma (ca. 50 g; würziger, luftgetrockneter Schweinenacken)**
- **Pfeffer, frisch gemahlen**

Zubereitung: 1 Std. 20 Min.
Backzeit: 10 Min.
Pro Portion ca.: 1050 kcal

1 | Die Hefe mit Zucker und 75 ml lauwarmem Wasser verrühren. Das Mehl in eine Schüssel geben, in die Mitte eine Mulde drücken, die Hefe hineingießen. Abgedeckt 15 Min. gehen lassen. Dann mit 1/2 TL Salz, Öl und etwa 75 ml lauwarmem Wasser zu einem elastischen Teig verkneten. Abgedeckt 45 Min. gehen lassen.

2 | Den Backofen auf 250° (Umluft 220°) vorheizen. Zwiebel und Knoblauch schälen und fein schneiden. Schinken grob zerzupfen, die Peperoni quer halbieren. Den Mozzarella in dünne Scheiben schneiden.

3 | Den Teig dünn ausrollen und mit Sugo oder Salsa bestreichen. Mit Zwiebel, Knoblauch, Schinken, Peperoni, Coppa und Mozzarella belegen. Mit Salz und Pfeffer würzen. Im Ofen (unten) etwa 10 Min. backen.

für Gäste | gelingt leicht

Pizza mit Rucola und Serrano

FÜR 2 PERSONEN

- **1/2 Würfel Hefe (21 g)**
- **1 TL Zucker | 250 g Mehl**
- **Salz | 2 EL Olivenöl**
- **200 g Tomaten**
- **2 große Hand voll Rucola**
- **4 Scheiben Serrano-Schinken (ca. 40 g)**
- **30 g Parmesan**
- **1 Glas Tomatensugo oder -salsa (Rezepte Seite 8)**
- **Pfeffer, frisch gemahlen**

Zubereitung: 1 Std. 20 Min.
Backzeit: 8 Min.
Pro Portion ca.: 780 kcal

1 | Den Hefeteig zubereiten und gehen lassen, wie im Rezept nebenan beschrieben.

2 | Den Backofen auf 250° (Umluft 220°) vorheizen. Die Tomaten waschen und grob würfeln. Den Rucola verlesen, waschen und trockenschleudern. Den Schinken grob zerzupfen, den Parmesan in dünne Späne hobeln.

3 | Den Teig dünn ausrollen und mit Sugo oder Salsa bestreichen. Mit den Tomaten belegen, mit Salz und Pfeffer würzen. Im Ofen (unten) etwa 8 Min. backen.

4 | Dann Rucola, Serrano-Schinken und den Parmesan darüber verteilen.

➤ Extra: vor dem Backen mit 2 EL Pizza-Öl (Rezept Seite 9) beträufeln.

im Bild hinten: Pizza mit Rucola und Serrano *im Bild vorne:* Pizza mit Coppa und gekochtem Schinken ➤

gelingt leicht | preiswert

Rahm-Pizza mit Speck

FÜR 2 PERSONEN

- **1/2 Würfel Hefe (21 g)**
  2 TL Zucker | 250 g Mehl
  Salz | 2 EL Olivenöl
  8 Scheiben Bacon (Frühstücksspeck, ca. 120 g)
  3 große Bund Frühlingszwiebeln
  150 g Crème fraîche
  100 g saure Sahne
  Pfeffer, frisch gemahlen

Zubereitung: 1 Std. 15 Min.
Backzeit: 10 Min.
Pro Portion ca.: 1270 kcal

1 | Die Hefe mit 1 TL Zucker und 75 ml lauwarmem Wasser verrühren. Das Mehl in eine Schüssel geben, in die Mitte eine Mulde drücken, die Hefe hineingießen. Abgedeckt 15 Min. gehen lassen. Dann mit 1/2 TL Salz, Öl und etwa 75 ml lauwarmem Wasser zu einem elastischen Teig verkneten. Abgedeckt 45 Min. gehen lassen.

2 | Backofen auf 250° (Umluft 220°) vorheizen. Bacon quer halbieren, bei starker Hitze in 2–3 Min. auslassen und bräunen. Zwiebeln waschen, putzen, in 1 cm breite Ringe schneiden. Crème fraîche, saure Sahne, 1 TL Zucker, Salz und Pfeffer verrühren.

3 | Teig dünn ausrollen und mit dem Rahm bestreichen. Mit Bacon und Zwiebeln belegen. Mit Salz und Pfeffer würzen. Im Ofen (unten) etwa 10 Min. backen.

macht was her | herzhaft

Scharfe Pizza mit marinierten Lammstreifen

FÜR 2 PERSONEN

- **1/2 Würfel Hefe (21 g)**
  1 TL Zucker | 250 g Mehl
  Salz | 4 EL Olivenöl
  2 rote Chilischoten
  feinste Schalenstreifen und Saft von 1 unbehandelten Orange
  2 EL Honig
  250 g Lammfleisch (Filet oder Lende)
  1 Fenchel | 2 Tomaten
  1 Kugel Mozzarella (125 g)
  1 Glas Tomatensugo oder -salsa (Rezepte Seite 8)
  Pfeffer, frisch gemahlen

Zubereitung: 1 Std. 20 Min.
Backzeit: 10 Min.
Pro Portion ca.: 1110 kcal

1 | Den Hefeteig zubereiten und gehen lassen, wie im Rezept nebenan beschrieben.

2 | Chilis waschen, putzen und fein schneiden. Mit Orangenschale und -saft, Honig und übrigem Öl verrühren.

3 | Fleisch von den Sehnen befreien, in 2–3 mm dicke Scheiben schneiden. Fenchel waschen, putzen und quer in feine Ringe schneiden. Beides mit der Marinade mischen und kurz ziehen lassen.

4 | Backofen auf 250° (Umluft 220°) vorheizen. Tomaten waschen und in Scheiben schneiden, dabei Stielansatz entfernen. Den Mozzarella in dünne Scheiben schneiden.

5 | Den Teig dünn ausrollen und mit Sugo oder Salsa bestreichen. Mit Tomaten, Fleisch, Fenchel und Mozzarella belegen. Mit Salz und Pfeffer würzen. Im Ofen (unten) etwa 10 Min. backen.

im Bild hinten: **Scharfe Pizza mit marinierten Lammstreifen** *im Bild vorne:* **Rahm-Pizza mit Speck** ➤

exotisch | herzhaft

Pizza Bombay

FÜR 2 PERSONEN

- **1/2 Würfel Hefe (21 g)**
  1 TL Zucker | 250 g Mehl
  Salz | 2 EL Olivenöl
  400 g Blumenkohlröschen
  150 g Putenschnitzel
  1 Kugel Mozzarella (125 g)
  250 g Schmand | 4 TL Curry
  Saft von 1 Limette
  60 g Rosinen
  Pfeffer, frisch gemahlen
  2 Bund Frühlingszwiebeln

Zubereitung: 1 Std. 25 Min.
Backzeit: 10 Min.
- Pro Portion ca.: 1210 kcal

1 | Die Hefe mit Zucker und 75 ml lauwarmem Wasser verrühren. Das Mehl in eine Schüssel geben, in die Mitte eine Mulde drücken, die Hefe hineingießen. Abgedeckt 15 Min. gehen lassen. Dann mit 1/2 TL Salz, Öl und etwa 75 ml lauwarmem Wasser zu einem elastischen Teig verkneten. Abgedeckt 45 Min. gehen lassen.

2 | Blumenkohl in Salzwasser in 4–5 Min. knapp bissfest garen. Den Backofen auf 250° (Umluft 220°) vorheizen.

3 | Putenfleisch in 1/2 cm dicke Scheiben, den Mozzarella in dünne Scheiben schneiden. Schmand, Curry, Limettensaft, Rosinen, Salz und Pfeffer verrühren.

4 | Den Teig dünn ausrollen und mit dem Schmand bestreichen. Mit Blumenkohl, Fleisch und Mozzarella belegen. Salzen und pfeffern. Im Ofen etwa 10 Min. backen. Die Frühlingszwiebeln waschen, putzen, in lange, sehr feine Streifen schneiden und über die Pizzas streuen.

asiatisch | scharf

Thai-Pizza

FÜR 2 PERSONEN

- **1/2 Würfel Hefe (21 g)**
  1 TL Zucker | 250 g Mehl
  Salz | 2 EL Olivenöl
  1 Stück frischer Ingwer (3 cm)
  6 kleine rote Zwiebeln
  2 Knoblauchzehen
  1 Stange Zitronengras
  2 rote Chilischoten
  Saft von 1 Limette
  250 g Hähnchenbrustfilet
  1 Glas Tomatensugo oder -salsa (Rezepte Seite 8)
  1 Bund Koriander

Zubereitung: 1 Std. 25 Min.
Backzeit: 10 Min.
- Pro Portion ca.: 795 kcal

1 | Den Hefeteig zubereiten und gehen lassen, wie im Rezept nebenan beschrieben.

2 | Den Backofen auf 250° (Umluft 220°) vorheizen. Ingwer, Zwiebeln und Knoblauch schälen. Zitronengras und Chilis waschen, putzen. Alles sehr fein schneiden und mit Limettensaft mischen. Das Fleisch fein würfeln und untermengen.

3 | Den Teig dünn ausrollen und mit Sugo oder Salsa bestreichen. Mit Fleisch belegen, salzen. Im Ofen (unten) etwa 10 Min. backen. Koriander abbrausen, trockenschütteln, grob hacken, darüber streuen.

- Extra: vor dem Backen 2 Hand voll Sojasprossen darüber streuen, danach mit Ketjap manis oder Sojasauce beträufeln.

im Bild links: **Thai-Pizza** *im Bild rechts:* **Pizza Bombay**

für Gäste | gelingt leicht

Lachs-Pizza mit Basilikum

FÜR 2 PERSONEN

- 1/2 Würfel Hefe (21 g)
- 2 TL Zucker | 250 g Mehl
- Salz | 4 EL Olivenöl
- 350 g Lachsfilet
- 3 EL Saft und Schale von 2 unbehandelten Zitrone
- Pfeffer, frisch gemahlen
- 200 g Crème fraîche
- 300 g Tomaten
- 1 Bund Basilikum

Zubereitung: 1 Std. 20 Min.
Backzeit: 10 Min.
Pro Portion ca.: 1385 kcal

1 | Die Hefe mit 1 TL Zucker und 75 ml lauwarmem Wasser verrühren. Das Mehl in eine Schüssel geben, in die Mitte eine Mulde drücken, die Hefe hineingießen. Abgedeckt 15 Min. gehen lassen. Dann mit 1/2 TL Salz, 2 EL Öl und etwa 75 ml lauwarmem Wasser zu einem elastischen Teig verkneten. Abgedeckt 45 Min. gehen lassen.

2 | Den Backofen auf 250° (Umluft 220°) vorheizen. Das Lachsfilet in etwa 3 cm große Würfel schneiden. Mit 2 EL Zitronensaft, restlichem Öl, 1 Prise Zucker, Salz und Pfeffer vermengen.

3 | Crème fraîche mit Zitronenschale, 1 EL Zitronensaft, übrigem Zucker, Salz und Pfeffer verrühren. Tomaten waschen und in hauchdünne Scheiben schneiden, dabei Stielansatz entfernen.

4 | Den Teig dünn ausrollen und mit Crème fraîche bestreichen. Mit Tomaten und Lachs belegen. Im Ofen (unten) etwa 10 Min. backen. Basilikumblätter abzupfen und darüber streuen.

macht was her

Pizza mit geräuchertem Forellenfilet

FÜR 2 PERSONEN

- 1/2 Würfel Hefe (21 g)
- 1 TL Zucker | 250 g Mehl
- Salz | 2 EL Olivenöl
- 1 rote Zwiebel
- 300 g Tomaten
- 1 Kugel Mozzarella (125 g)
- 250 g geräuchertes Forellenfilet (ohne Haut)
- 1 Glas Tomatensugo oder -salsa (Rezepte Seite 8)
- Pfeffer, frisch gemahlen

Zubereitung: 1 Std. 20 Min.
Backzeit: 10 Min.
Pro Portion ca.: 1010 kcal

1 | Den Hefeteig zubereiten und gehen lassen, wie im Rezept nebenan beschrieben.

2 | Den Backofen auf 250° (Umluft 220°) vorheizen. Zwiebel schälen und Tomaten waschen. Beides fein würfeln, bei den Tomaten dabei Stielansatz entfernen. Mozzarella in dünne Scheiben schneiden, Forellenfilet grob zerpflücken.

3 | Den Teig dünn ausrollen und mit Sugo oder Salsa bestreichen. Mit Zwiebel, Tomaten, Forelle und Mozzarella belegen. Mit Salz und Pfeffer würzen. Im Ofen (unten) etwa 10 Min. backen.

Extra: nach dem Backen frische hauchfeine Meerrettichspäne darüber streuen.

im Bild hinten: Lachs-Pizza mit Basilikum *im Bild vorne:* Pizza mit geräuchertem Forellenfilet

Newcomer, die die Welt erobern

Auf der Suche nach Geheimtipps in Sachen Pizza? Hier sind sie, die meisten völlige »No-Names« oder nur wenig bekannt, aber alle schwer im Kommen. Das glauben Sie nicht? Einfach ausprobieren und sich vom Gegenteil überzeugen lassen. Sie werden begeistert sein und (nur ungern) das Rezept von Ihren neuen Bestsellern an andere weiterverraten.

Blitzrezepte

Pizza-Sandwiches

FÜR 4 PERSONEN

➤ **1/2 Würfel Hefe (21 g) | 1 TL Zucker | 250 g Mehl | 1/2 TL Salz | 4 EL Olivenöl | 1 Romanasalat (600 g) | 6 EL Gremolata (Rezept Seite 9) | je 100 g Taleggio-Würfel und Parmesanspäne**

1 | Hefe mit Zucker und 75 ml Wasser verrühren. Mit Mehl, 1/2 TL Salz, 2 EL Öl und etwa 75 ml Wasser zu einem Teig verkneten. 1 Std. gehen lassen. Backofen auf 250° (Umluft 230°) vorheizen. Romana putzen, waschen, in Streifen schneiden, mit Gremolata mischen. Teig zu 4 Quadraten (ca. 25 cm) ausrollen, davon 2 mit Salat und Käse belegen. Übrige Quadrate darauf geben, andrücken und mit übrigem Öl bestreichen. Im Ofen (unten) etwa 8 Min. backen. Zu Sandwiches aufschneiden.

Pizza-Törtchen

FÜR 4 PERSONEN

➤ **1/2 Würfel Hefe (21 g) | 1 TL Zucker | 250 g Mehl | 1/2 TL Salz | 4 EL Olivenöl | 800 g Kirschtomaten | 2 EL Butter | 30 g Semmelbrösel | 2 EL Minze, fein geschnitten | 1 Knoblauchzehe, durchgepresst | Pfeffer, frisch gemahlen**

1 | Teig zubereiten und gehen lassen, wie im Rezept nebenan beschrieben. Backofen auf 250° (Umluft 230°) vorheizen. Tomaten waschen, in flache Förmchen (8 cm Ø) geben. Teig zu 8 Kreisen (10 cm Ø) ausrollen, auf die Tomaten legen, rundum andrücken. Im Ofen (unten) etwa 10 Min. backen. Butter und übriges Öl erhitzen, Brösel darin bräunen, Minze und Knoblauch untermischen. Törtchen stürzen, salzen, pfeffern, mit Bröseln bestreuen.

vegetarisch | für Gäste

Mini-Calzone mit Camembert

FÜR 4 PERSONEN

➤ **1/2 Würfel Hefe (21 g)**
1 TL Zucker | 250 g Mehl
Salz | 6 EL Olivenöl
2 Knoblauchzehen
2 große Hand voll gemischte Kräuterblättchen (z. B. Basilikum, Petersilie, Rosmarin, Thymian und Dill)
2 TL abgeriebene Schale und Saft von 1 unbehandelten Orange
Pfeffer, frisch gemahlen
300 g Camembert

◷ Zubereitung: 1 Std. 30 Min.
◷ Backzeit: 6 Min.
➤ Pro Portion ca.: 750 kcal

1 | Die Hefe mit Zucker und 75 ml lauwarmem Wasser verrühren. Das Mehl in eine Schüssel geben, in die Mitte eine Mulde drücken, die Hefe hineingießen. Abgedeckt 15 Min. gehen lassen. Dann mit 1/2 TL Salz, 2 EL Öl und etwa 75 ml lauwarmem Wasser zu einem elastischen Teig verkneten. Abgedeckt 45 Min. gehen lassen.

2 | Den Knoblauch schälen und mit den Kräutern fein hacken. Mit Orangenschale und -saft, übrigem Öl, Salz und Pfeffer verrühren. Den Camembert grob würfeln, untermischen. Abgedeckt ca. 45 Min. marinieren lassen.

3 | Den Backofen auf 250° (Umluft 220°) vorheizen. Den Teig achteln und jeweils dünn rund (15 cm Ø) ausrollen. Je eine Hälfte mit Camembert belegen, die freie Teighälfte darüber klappen, Ränder gut zusammendrücken. Im Ofen (unten) etwa 6 Min. backen.

➤ Extra: 1–2 TL Chiliflocken unter die Marinade mischen.

schmeckt auch kalt

Pizza-Brötchen

FÜR 4 PERSONEN

➤ **1/2 Würfel Hefe (21 g)**
1 TL Zucker | 250 g Mehl
Salz | 2 EL Olivenöl
2 Avodacos (je ca. 300 g)
Saft von 2 Zitronen
Pfeffer, frisch gemahlen
2 Gläser Kräuter-Crème-fraîche (Rezept Seite 8)
50 g Sprossen-Mix

◷ Zubereitung: 1 Std. 50 Min.
◷ Backzeit: 5 Min.
➤ Pro Portion ca.: 795 kcal

1 | Den Hefeteig zubereiten und gehen lassen, wie im Rezept nebenan beschrieben.

2 | Den Teig achteln und jeweils dünn rund (15 cm Ø) ausrollen, mit der Gabel mehrmals einstechen. Etwa 15 Min. gehen lassen.

3 | Den Backofen auf 250° (Umluft 220°) vorheizen. Die Avocados längs halbieren, entsteinen, schälen und längs in Spalten schneiden. Mit dem Zitronensaft beträufeln, mit Salz und Pfeffer würzen.

4 | Die Teigfladen im Ofen (unten) etwa 5 Min. backen. Kurz abkühlen lassen, dann mit Kräuter-Crème-fraîche bestreichen und mit Avocadospalten und Sprossen belegen. Salzen und pfeffern.

➤ Extra: mit rotem und grünem Tabasco servieren, das sich dann jeder selbst darüber träufeln kann.

im Bild hinten: Pizza-Brötchen *im Bild vorne:* Mini-Calzone mit Camembert ➤

herzhaft | macht was her

Pizza mit Salat und Rinderfilet

FÜR 2 PERSONEN

- 1/2 Würfel Hefe (21 g)
  1 TL Zucker | 250 g Mehl
  Salz | 6 EL Olivenöl
  200 g Rinderfilet
  2 EL Thymianblättchen
  Pfeffer, frisch gemahlen
  1/4 Romanasalat (120 g)
  1 große Tomate
  1 Glas Pizza-Pesto (Rezept Seite 8)

Zubereitung: 1 Std. 20 Min.
Backzeit: 10 Min.
Pro Portion ca.: 1290 kcal

1 | Die Hefe mit Zucker und 75 ml lauwarmem Wasser verrühren. Das Mehl in eine Schüssel geben, in die Mitte eine Mulde drücken und die Hefe hineingießen. Abgedeckt 15 Min. gehen lassen. Dann mit 1/2 TL Salz, 2 EL Öl und etwa 75 ml lauwarmem Wasser zu einem elastischen Teig verkneten. Abgedeckt 45 Min. gehen lassen.

2 | Den Backofen auf 250° (Umluft 220°) vorheizen. Das Filet in möglichst dünne Scheiben schneiden. Mit Thymian, übrigem Öl und Pfeffer mischen.

3 | Salat putzen, waschen, trockenschleudern und in dünne Streifen schneiden. Die Tomate waschen und in feine Scheiben schneiden.

4 | Teig dünn ausrollen, mit Pesto bestreichen. Mit Tomatenscheiben belegen, mit Salz und Pfeffer würzen. Im Ofen (unten) etwa 10 Min. backen. Nach 6–8 Min. Fleisch- und Salatstreifen darauf verteilen.

➤ Extra: nach dem Backen frische Salatstreifen und Pecorinospäne aufstreuen.

vegetarisch | preiswert

Kartoffel-Möhren-Pizza

FÜR 2 PERSONEN

- 1/2 Würfel Hefe (21 g)
  1 TL Zucker | 250 g Mehl
  Salz | 2 EL Olivenöl
  1 kleine Dose Tomaten (400 g Inhalt)
  200 g vorwiegend fest kochende Kartoffeln
  1 Möhre
  1 Glas Kräuter-Crème-fraîche (Rezept Seite 8)
  Pfeffer, frisch gemahlen

Zubereitung: 1 Std. 20 Min.
Backzeit: 10 Min.
Pro Portion ca.: 1045 kcal

1 | Hefeteig zubereiten und gehen lassen, wie im Rezept nebenan beschrieben.

2 | Den Backofen auf 250° (Umluft 220°) vorheizen. Die Tomaten in einem Sieb abtropfen lassen, dann längs halbieren. Kartoffeln und Möhre schälen, in möglichst dünne Scheiben schneiden. Salzwasser aufkochen und die Gemüsescheiben darin 1–2 Min. blanchieren.

3 | Den Teig dünn ausrollen und mit der Kräuter-Crème-fraîche bestreichen. Mit Kartoffeln, Möhre und Tomaten belegen. Mit Salz und Pfeffer würzen. Im Ofen (unten) etwa 10 Min. backen.

➤ Extra: Kräuter-Crème-fraîche mit Tabasco würzen, nach dem Backen Majoranblättchen aufstreuen.

im Bild hinten: **Kartoffel-Möhren-Pizza** *im Bild vorne:* **Pizza mit Salat und Rinderfilet** ➤

vegetarisch | fruchtig

Pizza mit Kürbis und Pfifferlingen

FÜR 2 PERSONEN

- **1/2 Würfel Hefe (21 g)**
  2 TL Zucker | 250 g Mehl
  Salz | 5 EL Olivenöl
  1 Radicchio (150 g)
  2 Knoblauchzehen
  Pfeffer, frisch gemahlen
  300 g Pfifferlinge
  1 Stück Kürbis (ca. 800 g)
  1 Kugel Mozzarella (125 g)

Zubereitung: 1 Std. 20 Min.
Backzeit: 10 Min.
Pro Portion ca.: 920 kcal

1 | Die Hefe mit 1 TL Zucker und 75 ml lauwarmem Wasser verrühren. Das Mehl in eine Schüssel geben, in die Mitte eine Mulde drücken, die Hefe hineingießen. Abgedeckt 15 Min. gehen lassen. Dann mit 1/2 TL Salz, 2 EL Öl und etwa 75 ml lauwarmem Wasser zu einem elastischen Teig verkneten. Abgedeckt 45 Min. gehen lassen.

2 | Backofen auf 250° (Umluft 220°) vorheizen. Radicchio putzen, in 1 cm breite Streifen schneiden, waschen, trockenschleudern. Knoblauch schälen und durch die Presse drücken. Mit Radicchio, übrigem Öl und Zucker, Salz und Pfeffer mischen.

3 | Pfifferlinge putzen und eventuell kleiner schneiden. Kürbis schälen, entkernen und grob raspeln. Mozzarella in dünne Scheiben schneiden.

4 | Den Teig dünn ausrollen. Mit Kürbis, Pfifferlingen und Mozzarella belegen. Mit Salz und Pfeffer würzen. Im Ofen (unten) etwa 10 Min. backen. Kurz vor Ende der Backzeit Radicchio aufstreuen.

macht was her

Waldpilze-Pizza

FÜR 2 PERSONEN

- **1/2 Würfel Hefe (21 g)**
  1 TL Zucker | 250 g Mehl
  Salz | 7 EL Olivenöl
  1 Zucchino (ca. 150 g)
  200 g kleine Tomaten
  Pfeffer, frisch gemahlen
  1 Kugel Mozzarella (125 g)
  500 g Waldpilze (z. B. Maronen, Steinpilze)
  4 Zweige Thymian
  1/2 Bund Petersilie
  1 kleine Zwiebel

Zubereitung: 1 Std. 20 Min.
Backzeit: 10 Min.
Pro Portion ca.: 960 kcal

1 | Den Hefeteig zubereiten und gehen lassen, wie im Rezept nebenan beschrieben. Zucchino waschen, putzen, in feine Streifen schneiden. Die Tomaten waschen und grob würfeln. Beides mit 1 EL Öl, Salz und Pfeffer mischen. Den Mozzarella in dünne Scheiben schneiden.

2 | Backofen auf 250° (Umluft 220°) vorheizen. Pilze putzen und grob schneiden. Kräuter abbrausen, trockenschütteln. Thymianblättchen abstreifen, Petersilie grob hacken. Zwiebel schälen, klein würfeln. Übriges Öl erhitzen, Zwiebel und Pilze bei starker Hitze 2–3 Min. braten. Kräuter unterrühren, salzen, pfeffern.

3 | Den Teig dünn ausrollen und mit Zucchino, Tomaten, Pilzen und Mozzarella belegen. Mit Salz und Pfeffer würzen. Im Ofen (unten) etwa 10 Min. backen.

im Bild hinten: **Waldpilze-Pizza** *im Bild vorne:* **Pizza mit Kürbis und Pfifferlingen** ➤

orientalisch | herzhaft

Lahmacun

FÜR 2 PERSONEN

➤ **1/2 Würfel Hefe (21 g)**
1 TL Zucker | 250 g Mehl
Salz | 4 EL Olivenöl
350 g tiefgekühlter Blattspinat
1 Zwiebel
4 Knoblauchzehen
250 g Schafkäse (Feta)
Pfeffer, frisch gemahlen

Zubereitung: 1 Std. 20 Min.
Backzeit: 10 Min.
➤ Pro Portion ca.: 940 kcal

1 | Die Hefe mit Zucker und 75 ml lauwarmem Wasser verrühren. Das Mehl in eine Schüssel geben, in die Mitte eine Mulde drücken, die Hefe hineingießen. Abgedeckt 15 Min. gehen lassen. Dann mit 1/2 TL Salz, 2 EL Öl und etwa 75 ml lauwarmem Wasser zu einem elastischen Teig verkneten. Abgedeckt 45 Min. gehen lassen. Den Spinat antauen lassen.

2 | Den Backofen auf 250° (Umluft 220°) vorheizen. Die Zwiebel schälen und in kleine Würfel schneiden. Den Knoblauch schälen und durch die Presse drücken.

3 | Übriges Öl erhitzen und beides bei mittlerer Hitze andünsten. Spinat dazugeben und kurz mitdünsten. Etwas abkühlen lassen, dann den Schafkäse zerbröckeln und untermischen.

4 | Den Teig halbieren und jeweils zu einem länglichen ovalen dünnen Fladen ausrollen, dabei einen Rand formen. Mit Spinatmischung belegen. Mit Salz und Pfeffer würzen. Im Ofen (unten) etwa 10 Min. backen.

➤ Extra: ein paar in Öl eingelegte Tomaten würfeln und mit dem Spinat dünsten.

fruchtig | für Gäste

Pizza mit Ziegenkäse und Pfirsich

FÜR 2 PERSONEN

➤ **1/2 Würfel Hefe (21 g)**
1 TL Zucker | 250 g Mehl
Salz | 2 EL Olivenöl
4 Zweige Thymian
1 EL rosa Pfefferkörner
80 g Pancetta (ersatzweise Bacon)
4 Pfirsiche (ca. 400 g)
200 g milder Ziegenfrischkäse
1 Glas Tomatensugo oder -salsa (Rezepte Seite 8)

Zubereitung: 1 Std. 20 Min.
Backzeit: 10 Min.
➤ Pro Portion ca.: 1220 kcal

1 | Den Hefeteig zubereiten und gehen lassen, wie im Rezept nebenan beschrieben.

2 | Den Backofen auf 250° (Umluft 220°) vorheizen. Den Thymian abbrausen, trockenschütteln und die Blättchen abstreifen. Pfeffer im Mörser zerstoßen. Den Pancetta in kleine Würfel schneiden. Die Pfirsiche waschen, halbieren, entsteinen und in Spalten schneiden. Den Ziegenkäse in kleine Flocken teilen.

3 | Den Teig dünn ausrollen und mit Sugo oder Salsa bestreichen. Mit Pfirsichen, Pancetta, Ziegenkäse, Thymian und Pfeffer belegen. Mit Salz würzen. Im Ofen (unten) etwa 10 Min. backen.

im Bild hinten: Lahmacun *im Bild vorne:* Pizza mit Ziegenkäse und Pfirsich ➤

herzhaft | gelingt leicht

Pizza »Olé«

FÜR 2 PERSONEN

- 1/2 Würfel Hefe (21 g)
- 1 TL Zucker | 250 g Mehl
- Salz | 2 EL Olivenöl
- 1 orange Paprikaschote
- 100 g Chorizo
- 1 Zweig Rosmarin
- 120 g Manchego
- 1 Glas Tomatensugo oder -salsa (Rezepte Seite 8)
- Pfeffer, frisch gemahlen

Zubereitung: 1 Std. 20 Min.
Backzeit: 10 Min.
Pro Portion ca.: 1105 kcal

1 | Die Hefe mit Zucker und 75 ml lauwarmem Wasser verrühren. Das Mehl in eine Schüssel geben, in die Mitte eine Mulde drücken, die Hefe hineingießen. Abgedeckt 15 Min. gehen lassen. Dann mit 1/2 TL Salz, Öl und etwa 75 ml lauwarmem Wasser zu einem elastischen Teig verkneten. Abgedeckt 45 Min. gehen lassen.

2 | Den Backofen auf 250° (Umluft 220°) vorheizen. Die Paprika halbieren, putzen, waschen und in feine Streifen schneiden. Chorizo in feine Scheiben schneiden. Rosmarin abbrausen, trockenschütteln und die Nadeln abstreifen. Den Manchego grob raspeln.

3 | Den Teig dünn ausrollen und mit Sugo oder Salsa bestreichen. Mit Paprika, Chorizo, Rosmarin und Manchego belegen. Mit Salz und Pfeffer würzen. Im Ofen (unten) etwa 10 Min. backen.

orientalisch | für Gäste

Rote-Linsen-Pizza mit Putenfleisch

FÜR 2 PERSONEN

- 1/2 Würfel Hefe (21 g)
- 1 TL Zucker | 250 g Mehl
- Salz | 4 EL Olivenöl
- 1 Zwiebel | 80 g rote Linsen
- 1 Stück frischer Ingwer (3 cm)
- 200 g Putenbrustfilet
- Saft von 2 Limetten
- 80 g getrocknete Aprikosen
- 400 g Kirschtomaten
- 1 Glas Tomatensalsa mit Tomatenmark (Rezept Seite 8)
- Pfeffer, frisch gemahlen

Zubereitung: 1 Std. 20 Min.
Backzeit: 10 Min.
Pro Portion ca.: 1105 kcal

1 | Den Hefeteig zubereiten und gehen lassen, wie im Rezept nebenan beschrieben.

2 | Zwiebel schälen und klein würfeln. Übriges Öl erhitzen, Zwiebel und Linsen darin 1–2 Min. andünsten. 1/4 l Wasser aufgießen, abgedeckt bei schwacher Hitze 15 Min. garen. Ingwer schälen und fein schneiden, Putenbrustfilet in 1 1/2 cm große Würfel schneiden. Beides mit dem Saft von 1 Limette mischen.

3 | Backofen auf 250° (Umluft 220°) vorheizen. Aprikosen klein würfeln, die Tomaten waschen und halbieren. Beides mit übrigem Limettensaft unter die Linsen mischen.

4 | Teig dünn ausrollen und mit Salsa bestreichen. Mit Linsenmischung und Fleisch belegen, pfeffern. Im Ofen (unten) etwa 10 Min. backen.

Extra: nach dem Backen 2 Hand voll Korianderblättchen darüber streuen.

im Bild hinten: Rote-Linsen-Pizza mit Putenfleisch *im Bild vorne:* Pizza »Olé«

für Gourmets

Seeteufel-Mango-Pizza

FÜR 2 PERSONEN

- 1/2 Würfel Hefe (21 g)
- 1 TL Zucker | 250 g Mehl
- Salz | 2 EL Olivenöl
- 300 g Seeteufel
- 1 Knoblauchzehe
- abgeriebene Schale und Saft von 1/2 unbehandelten Orange
- 4 EL Pizza-Öl (Rezept Seite 9)
- 1 Mango (ca. 350 g)
- 100 g Petersilienwurzel
- 100 g Kirschtomaten
- Pfeffer, frisch gemahlen

Zubereitung: 1 Std. 20 Min.
Backzeit: 10 Min.
Pro Portion ca.: 930 kcal

1 | Die Hefe mit 1 TL Zucker und 75 ml lauwarmem Wasser verrühren. Das Mehl in eine Schüssel geben, in die Mitte eine Mulde drücken, die Hefe hineingießen. Abgedeckt 15 Min. gehen lassen. Dann mit 1/2 TL Salz, 2 EL Öl und etwa 75 ml lauwarmem Wasser zu einem elastischen Teig verkneten. Abgedeckt 45 Min. gehen lassen.

2 | Backofen auf 250° (Umluft 220°) vorheizen. Seeteufel waschen, trockentupfen, in 1 cm große Stücke schneiden. Knoblauch schälen und fein hacken. Mit Orangenschale und -saft, 2 EL Pizza-Öl und Seeteufel vermischen. Mango schälen, in kleinen Stücken vom Kern schneiden. Petersilienwurzel schälen und in feine Streifen schneiden. Die Tomaten waschen, halbieren.

3 | Teig dünn ausrollen, mit übrigem Pizza-Öl einpinseln. Mit Seeteufel, Mango, Petersilienwurzel und Tomaten belegen. Mit Salz und Pfeffer würzen. Im Ofen (unten) etwa 10 Min. backen.

scharf | macht was her

Garnelen-Limetten-Pizza

FÜR 2 PERSONEN

- 1/2 Würfel Hefe (21 g)
- 1 TL Zucker | 250 g Mehl
- Salz | 2 EL Olivenöl
- 2 rote Chilischoten
- 1 EL Honig | 2 EL Mandelöl
- Saft und feinste Schalenstreifen von 2 unbehandelten Limetten
- 16 geschälte rohe Garnelen (ca. 200 g)
- 1 Glas Tomatensugo oder -salsa (Rezepte Seite 8)
- 1/2 TL gemahlener Kreuzkümmel
- 1 Kugel Mozzarella (125 g)

Zubereitung: 1 Std. 20 Min.
Backzeit: 10 Min.
Pro Portion ca.: 985 kcal

1 | Den Teig zubereiten und gehen lassen, wie im Rezept nebenan beschrieben.

2 | Chilis waschen, putzen und fein hacken. Mit Honig, Mandelöl, Limettensaft und -schale verrühren. Garnelen abbrausen, trockentupfen und vom Darm befreien. Unter die Marinade mischen.

3 | Den Backofen auf 250° (Umluft 220°) vorheizen. Sugo oder Salsa mit Kreuzkümmel würzen. Mozzarella in dünne Scheiben schneiden.

4 | Teig dünn ausrollen, mit Sugo oder Salsa bestreichen. Mit Garnelen und Mozzarella belegen, etwas Marinade darüber träufeln. Im Ofen (unten) etwa 10 Min. backen.

im Bild hinten: Garnelen-Limetten-Pizza *im Bild vorne:* Seeteufel-Mango-Pizza

Zum Gebrauch
Damit Sie Rezepte mit bestimmten Zutaten noch schneller finden können, stehen in diesem Register zusätzlich auch beliebte Zutaten wie **Pilze** oder **Tomaten** – ebenfalls alphabetisch geordnet und **halbfett** gedruckt – über den entsprechenden Rezepten.

A/B

C/D

F/G/H/I

K

L/M

O

P/Q

Die Autorin

Christina Kempe war nach dem Studium der Ernährung und Hauswirtschaft in zahlreichen namhaften Verlagen, Fotostudios und einer Food-PR-Agentur tätig. Seit einigen Jahren arbeitet sie in ihrem Münchner Büro als freie Autorin, Beraterin und Redakteurin für renommierte Buch- und Zeitschriftenverlage sowie für Industriekunden. Als Food-Stylistin zeigt sie, was außerdem an Kreativität in ihr steckt. Inzwischen sind mehrere Bücher von ihr erschienen.

Der Fotograf

Jörn Rynio arbeitet als Fotograf in Hamburg. Zu seinen Auftraggebern gehören nationale und internationale Zeitschriften, Buchverlage und Werbeagenturen. Aus seinem Studio stammen alle Fotos in diesem Band. Tatkräftig unterstützt wurde er dabei von seiner Foodstylistin Petra Speckmann.

Bildnachweis

Jörn Rynio, Hamburg

Gedruckt auf Primasilk 130 g/qm holzfrei mattgestrichen Bilderdruck, made by StoraEnso, geliefert von der Papier Union.

©2004 GRÄFE UND UNZER VERLAG GmbH, München

Alle Rechte vorbehalten. Nachdruck, auch auszugsweise, sowie Verbreitung durch Film, Funk, Fernsehen und Internet durch fotomechanische Wiedergabe, Tonträger und Datenverarbeitungssysteme jeglicher Art nur mit schriftlicher Genehmigung des Verlages.

Programmleitung: Doris Birk
Redaktionsleitung: Birgit Rademacker
Redaktion: Stefanie Poziombka
Lektorat: Cornelia Schinharl
Satz und Herstellung: Redaktionsbüro Christina Kempe, München
Umschlaggestaltung: Independent Medien Design, München
Herstellung: Martina Müller
Reproduktion: Repro Ludwig, Zell am See
Druck: Appl, Wemding
Bindung: Sellier, Freising

ISBN(10) 3-7742-6595-X
ISBN(13) 978-3-7742-6595-0

Auflage	5.	4.	3.	2.
Jahr	2008	07	06	05

GRÄFE UND UNZER

Ein Unternehmen der
GANSKE VERLAGSGRUPPE

Das Original mit Garantie

Ihre Meinung ist uns wichtig. Deshalb möchten wir Ihre Kritik, gerne aber auch Ihr Lob erfahren. Um als führender Ratgeberverlag für Sie noch besser zu werden. Darum: Schreiben Sie uns! Wir freuen uns auf Ihre Post und wünschen Ihnen viel Spaß mit Ihrem GU-Ratgeber.

Unsere Garantie: Sollte ein GU-Ratgeber einmal einen Fehler enthalten, schicken Sie uns das Buch mit einem kleinen Hinweis und der Quittung innerhalb von sechs Monaten nach dem Kauf zurück. Wir tauschen Ihnen den GU-Ratgeber gegen einen anderen zum gleichen oder ähnlichen Thema um.

GRÄFE UND UNZER VERLAG
Redaktion
Kochen & Verwöhnen
Postfach 86 03 25
81630 München
Fax: 089/41981-113
e-mail: leserservice@graefe-und-unzer.de

GU KÜCHENRATGEBER

Neue Rezepte für den großen Kochspaß

ISBN (10) 3-7742-4880-X
ISBN (13) 978-3-7742-4880-9

ISBN (10) 3-7742-6600-X
ISBN (13) 978-3-7742-6600-1

ISBN (10) 3-7742-6057-5
ISBN (13) 978-3-7742-6057-3

ISBN (10) 3-7742-5762-0
ISBN (13) 978-3-7742-5762-7

ISBN (10) 3-7742-4879-6
ISBN (13) 978-3-7742-4879-3

ISBN (10) 3-7742-6056-7
ISBN (13) 978-3-7742-6056-6

64 Seiten, 7,50 € [D]

Das macht die GU Küchenratgeber zu etwas Besonderem:

- *Rezepte mit maximal 10 Hauptzutaten*
- *Blitzrezepte in jedem Kapitel*
- *alle Rezepte getestet*
- *Geling-Garantie durch die 10 GU-Erfolgstipps*

GU

Willkommen im Leben.

Änderungen und Irrtum vorbehalten.

Geling-Garantie für das Pizzabacken

1 TEIGZUTATEN NICHT KALT VERWENDEN

- Damit die Hefe richtig arbeiten und der Teig schön aufgehen kann, müssen alle Zutaten Zimmertemperatur haben.
- Also Hefe rechtzeitig aus dem Kühlschrank nehmen (auch das Öl, wenn Sie es dort aufbewahren), Wasser lauwarm aus der Leitung laufen lassen oder kurz erwärmen.

4 ZEITERSPARNIS BEIM TEIGZUBEREITEN

- Auf den Vorteig verzichten und die angerührte Hefe mit den übrigen Zutaten verkneten. Abdecken und 1 Std. gehen lassen.
- Wenn Sie Trockenhefe verwenden, entfällt sogar das Anrühren. Alle Zutaten für den Teig können auf einmal geknetet werden.

7 BELEGEN: NICHT ZU VIEL UND NICHT ZU WENIG

- Bei einer gelungenen Pizza kommen Teig und Belag gleichermaßen zur Geltung. Beides sollte aufeinander abgestimmt sein.
- Dünn ausgerollten Teig nicht überladen (vor allem nicht mit sehr saftigen Zutaten), bei dicken Teigböden darf es etwas mehr sein.

8 GUTE HITZE BEIM BACKEN

- Soll Ihre Pizza dem Orginal aus dem Holzkohleofen möglichst nahe kommen, muss sie sehr heiß gebacken werden.
- Backblech auf den Ofenboden legen, Ofen auf 250° (Ober- und Unterhitze) aufheizen. Die belegte Pizza dann direkt darauf geben. So wird der Teig knusprig, der Belag bleibt saftig.